Rüdiger Busch

Scheduling unter Echtzeitbedingungen - Lock-Based und Lock-Free Verfahren

GRIN - Verlag für akademische Texte

Der GRIN Verlag mit Sitz in München und Ravensburg hat sich seit der Gründung im Jahr 1998 auf die Veröffentlichung akademischer Texte spezialisiert.

Die Verlagswebseite http://www.grin.com/ ist für Studenten, Hochschullehrer und andere Akademiker die ideale Plattform, ihre Fachaufsätze und Studien-, Seminar-, Diplom- oder Doktorarbeiten einem breiten Publikum zu präsentieren.

Dokument Nr. V37452 aus dem GRIN Verlagsprogramm

Rüdiger Busch

Scheduling unter Echtzeitbedingungen - Lock-Based und Lock-Free Verfahren

GRIN Verlag

Bibliografische Information Der Deutschen Bibliothek: Die Deutsche Bibliothek verzeichnet
diese Publikation in der Deutschen Nationalbibliografie; detaillierte bibliografische Daten
sind im Internet über http://dnb.ddb.de/ abrufbar.

1. Auflage 1998
Copyright © 1998 GRIN Verlag
http://www.grin.com/
Druck und Bindung: Books on Demand GmbH, Norderstedt Germany
ISBN 978-3-638-65405-0

Scheduling unter Echtzeitbedingungen
Lock-Based und Lock-Free Verfahren
Rüdiger Busch

Inhaltsverzeichnis

1 Einleitung

Das *Scheduling*[1] von Prozessen und deren Jobs in Realzeitsystemen ist zu einem wichtigen Bereich der Forschung geworden. Die Frage dabei ist, wie können verschiedene Prozesse gemeinsam auf externe Resourcen zugreifen, ohne daß das System seine Konsistenz verliert und trotzdem alle Aufgaben rechtzeitig erledigt werden? Zwei wesentliche Lösungsansätze die sich ergeben haben, sind die Lock-Based und die Lock-Free Verfahren. Bei ersteren wird seitens des Betriebssystems darauf geachtet, daß möglichst alle Jobs ihre *Deadline*[2] erreichen, bei den anderen wird diese Aufgabe von den Prozessen selbst erledigt.

Im folgenden werden kurz auf die Schwierigkeiten bei der Verwendung von Lock-Based Verfahren dargestellt, und es wird eine Lösung dieser Schwierigkeiten mittels des *Priority Ceiling Protocol* (PCP) von Rajkumar et al. [2] angeboten. Dieses Protokoll wird später auch für den Vergleich mit den Lock-Free Verfahren herangezogen.

Die Lock-Free Verfahren, die zunächst recht unberechenbar scheinen und möglicherweise kaum als Konkurrenz zu den bisherigen Verfahren angesehen werden könnten, da sie ohne Kontrolle seitens des Betriebssystems auf gemeinsame Resourcen zugreifen, sollen deshalb genauer analysiert werden. Dazu wird neben einigen Voraussetzungen erst einmal gezeigt, daß das Verhalten dieser Lock-Free Prozesse keinesfalls chaotisch und zeitlich durchaus begrenzt ist. Anschließend werden die Bedingungen verfeinert und auf verschiedene Schedulingalgorithmen angepaßt. Dadurch wird ein formaler Vergleich zwischen Lock-Free und Lock-Based Verfahren möglich, der abschließend auch in einem experimentellen Vergleich bestätigt wird.

2 Lock-Based Verfahren

Das Prinzip dieser Verfahren beruht darauf, daß ein Job, der auf eine gemeinsame Resource[3] zugreift, z.B. eine Datei oder eine globale Variable, diese zunächst vor Zugriffen anderer Job schützen muß. Dies geschieht im allgemeinen über so-

---

[1]Zeitplanung
[2]Der Zeitpunkt, zu dem ein Job spätestens erledigt sein muß.
[3]Auch als Objekte bezeichnet

genannte Semaphore, die sofern sie gesetzt sind, keine weiteren Zugriffe auf eine Resource erlauben. Um nun zu gewährleisten, daß wichtige Aufgaben rechtzeitig erledigt werden, werden Prioritäten vergeben. In bestimmten Fällen kann es aber trotzdem vorkommen, daß ein Job mit niedriger Priorität einen anderen mit hoher Priorität blockiert. Die folgenden Methoden sollen bezüglich dieser *Prioritätsinversion* abhilfe schaffen.

2.1 Das Priority Ceiling Protocol

Das grundlegende Prinzip bei diesem Verfahren ist es, Deadlocks und Prioritätsinversion zum einen durch Vererbung von Prioritäten, zum anderen durch festlegen bestimmter Schranken, die den Zugriff auf die Semaphore regeln, zu verhindern.

Dazu soll zunächst die *Prioritätsvererbung* erklärt werden. Angenommen es gäbe drei Jobs J_1, J_2, J_3, wobei ein kleinerer Index eine höhere Priorität bedeutet. J_3 tritt nun in seine kritische Phase, daß heißt, J_3 möchte auf eine gemeinsame Resource zugreifen und sperrt diese über das Semaphor S. Bevor diese Phase abgeschlossen ist, wird J_3 von J_1 unterbrochen, wobei J_1 ebenfalls auf die von S überwachte zugreifen möchte. In genau diesem Moment wird J_1 von S blockiert. Ohne Prioritätsvererbung könnte ebenfalls in diesem Moment ein Job J_2 starten, J_3 wiederum unterbrechen und somit den Job J_1, welcher die höchste Priorität hat, aber auf die Freigabe von S wartet, blockieren (Abb. 1(links)). Durch die Vererbung erhält J_3 aber für die Dauer der kritischen Phase die Priorität des höchsten blockierten Jobs, in diesem Fall J_1 und die Prioritätsinversion wird verhindert, denn J_3 kann nun von J_2 nicht mehr unterbrochen werden, bis die gesperrte Resource von J_3 wieder freigegeben wird (Abb. 1(rechts)).

In der Grafik beschreibt eine obere Linie einen aktiven Job, eine untere Linie bedeutet, daß der Job gerade von einem anderen unterbrochen wird und keine Linie heißt, der Job wurde noch nicht gestartet oder ist bereits beendet.

Um Deadlocks zu verhindern, die auftreten können, sobald verschachtelte Zugriffe auf gemeinsame Resourcen stattfinden, wird das Verfahren der Vererbung noch erweitert. Jedem Semaphor wird eine obere Schranke zugewiesen. Diese Schranke ergibt sich aus der höchsten Priorität aller Jobs, die auf das jeweilige Semaphor zugreifen werden. Ein Job, welcher eine neue kritische Phase beginnen möchte, kann dieses nur tun, sofern seine Priorität höher ist, als alle Schranken

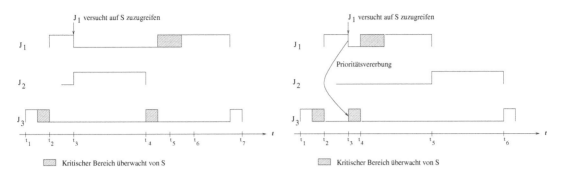

Abbildung 1: Prioritätsinversion und Prioritätsvererbung

der Semaphore, die bereits durch andere Jobs gesperrt wurden. Ein Beispiel ist in Abbildung 2 zu sehen mit der oben beschriebenen Bedeutung.

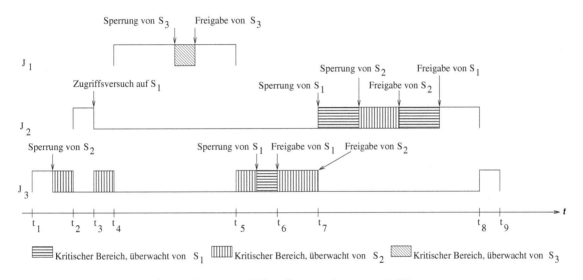

Abbildung 2: Ablaufbeispiel unter PCP

Die drei Jobs greifen in folgender Reihenfolge auf die Resourcen zu:

J_1 Sperrung von S_3, Freigabe von S_3

J_2 Sperrung von S_1, Sperrung von S_2,Freigabe von S_2Freigabe von S_1

J_3 Sperrung von S_2, Sperrung von S_1,Freigabe von S_1Freigabe von S_2

Was geschieht während der einzelnen Zeitintervalle?

$[t_1, t_2)$ J_3 startet und sperrt das Semaphor S_2.

$[t_2, t_3)$ J_2 startet und unterbricht J_3.

$[t_3, t_4)$ J_2 versucht S_1 zu sperren. Da die Priorität von J_2 aber nicht höher ist, als die oberste Schranke bereits gesperrter Semaphore, wird J_2 vom System ausgesetzt, J_3 erbt die Priorität von J_2 und setzt mit seiner Abarbeitung fort.

$[t_4, t_5)$ Der Job J_1 startet, unterbricht dabei J_3, welcher immer noch in seiner kritischen Phase ist und versucht S_3 zu sperren. Dies gelingt, da die Priorität von J_1 größer ist, als die oberste Schranke bereits gesperrter Semaphore. Anschließend wird S_3 wieder freigegeben.

$[t_5, t_6)$ J_1 beendet seine Aufgabe, J_3 nimmt seine Arbeit wieder auf und sperrt S_1.

$[t_6, t_7)$ J_3 gibt S_1 wieder frei.

$[t_7, t_8)$ Nachdem J_3 S_2 freigibt und somit die kritische Phase verläßt, erhält er seine alte Priorität zurück und wird sogleich von J_2 unterbrochen. Für den Rest des Intervalls beansprucht J_2 die Rechenzeit.

$[t_8, t_9]$ Sobald J_2 fertig ist, nimmt J_3 die Arbeit wieder auf und endet dann ebenfalls.

3 Lock-Free Verfahren

Bei den Lock-Based Verfahren können entweder Prioritätsinversionen auftreten oder es wird, wie bei den oben aufgeführten Algorithmen, relativ viel Rechenzeit dafür benötigt, dies zu verhindern. Hier setzen nun die Lock-Free Verfahren[1] an. Durch die Verwendung von Wiederholungsschleifen (*retry loops*), ergeben sich zwei wesentliche Vorteile. Zum einen ist keine Kenntnis darüber notwendig, welche Task auf welches Objekt zugreift. Dadurch ist ein dynamisches hinzufügen neuer Tasks in das System möglich, ohne das gewisse Systemtabellen, z.B. beim PCP-Verfahren, neu berechnet werden müssen. Zum anderen ist das Durchlaufen der retry loops meist mit weniger Rechenaufwand verbunden, als das Sperren und Freigeben von Objekten.

In Abbildung 3 ist eine nach dem Lock-Free Verfahren implementierte Enqueue-Operation zu sehen. Die CAS2-Operation (*compare and swap*)[4] ist dabei atomar und setzt den *Tail*-Zeiger entweder auf den Wert des *Head*-Zeigers oder auf den Wert des *next*-Zeigers, abhängig davon, ob die Reihe leer ist oder nicht.

Aus Sicht der Echtzeitsysteme sind Implementationen mit Lock-Free Objekten insofern interessant, da sie Prioritätsinversionen und Deadlocks verhindern, ohne dabei auf die Hilfe eines Betriebssystems angewiesen zu sein. Die Frage, die sich stellt ist, können durch stetige Unterbrechungen die Ausführungen einiger Operationen beliebig lang werden?

Im folgenden soll gezeigt werden, das auf einem Einprozessor-System die Rechenzeit für die retry loops durchaus begrenzt ist. Dazu zunächst einige Definitionen. Ein retry loop wurde *erfolgreich aktualisiert*, falls er erfolgreich beendet wurde. In allen anderen Fällen wurde er *nicht erfolgreich aktualisiert*. Eine einzelne Lock-Free Operation besteht also aus beliebig vielen erfolglosen Aktualisierungen gefolgt von einer erfolgreichen.

Bei der Betrachtung zweier Tasks T_i und T_j die gemeinsam auf ein Lock-Free Objekt B zugreifen, erfährt T_j genau dann eine erfolglose Aktualisierung, wenn sie von T_i unterbrochen wird und diese eine erfolgreiche Aktualisierung auf B durchführt. Dies zeigt, daß es einen Zusammenhang zwischen Unterbrechungen und erfolglosen Aktualisierungen gibt. Die maximale Anzahl von Unterbrechungen innerhalb eines Intervals kann deshalb durch den Zeitbedarf der Tasks bestimmt werden. Bei der Analyse werden folgende Scheduling-Verfahren berücksichtigt:

Deadline Monotonic (DM) Ein statisches Verfahren, bei dem ein Task mit kürzerer relativer Deadline eine höhere Priorität hat.

Rate Monotonic (RM) Ein statisches Verfahren, bei dem ein Task mit kürzerer Periode eine höhere Priorität hat.

Earliest Deadline First (EDF) Ein dynamisches Verfahren, bei dem zu jedem beliebigen Zeitpunkt der Task mit der nahesten Deadline die höchste Priorität hat.

---

[4]Die beiden ersten Parameter sind gemeinsame Variablen, die mit den zwei folgenden Werten verglichen werden. Ist der Vergleich erfolgreich, wird den Variablen jeweils der Wert der letzten beiden Parameter zugewiesen.

```
type Qtype = record data : valtype; next : pointer to Qtype end
shared variable Head, Tail : pointer to Qtype
procedure Enqueue(input : valtype)

private variable old, new : pointer to Qtype;
                addr : pointer to pointer to Qtype;
begin
   *new := (input, NULL);
   repeat old := Tail;
       if old ≠ NULL then addr := &(old → next) else addr := &Head fi
   until CAS2(&Tail, addr, old, NULL, new, new)
end
```

Abbildung 3: Lock-free Enqueue Implementation

3.1 Definitionen und Voraussetzungen

Bevor mit den Aufwandsabschätzungen begonnen werden kann, müssen zunächst die geltenden Parameter festgelegt werden. Eine *Task* ist dabei ein sequentielles Programm, welches wiederholt ausgeführt wird. Jede einzelne Ausführung wird dabei als *Job* bezeichnet, wobei der jeweilige Beginn des Jobs als *Startzeitpunkt* bezeichnet wird. Ist dabei die Zeit zwischen den Startzeitpunkten konstant, ist die Task periodisch. Durchläuft ein Job einen retry loop, der nicht erfolgreich abgeschlossen wurde, so erfuhr dieser eine *Interferenz*. Ein Satz von Tasks ist genau den *schedulierbar*, wenn keine der Tasks die jeweilige Deadline überschreitet. Weiterhin gilt für folgende Symbole:

N : Die Anzahl der Tasks in einem System. Die Verwendeten Indizes i und j gehen, sofern nicht anders erwähnt, über das Feld $\{1, \ldots, N\}$.

T_i: Die $i$te Task im System.

p_i: Die Periode von Task T_i. Tasks sind in nichtabnehmender Reihenfolge sortiert, d.h. $p_i < p_j \Rightarrow i < j$.

$r_i(k)$: Die Zeit, in der der $k$te Job von T_i startet. Es gilt $r_i(k) = r_i(1) + (k-1) \cdot p_i$, mit $k \geq 1$.

$J_{i,k}$: Der $k$te Job der Task T_i.

c_i: Der ungünstigste Fall bezüglich der Rechenzeit, wenn T_i die einzige Task auf dem Prozessor wäre.

s_i: Die Zeit, die für eine Iterationsschleife benötigt wird, um auf ein lock-free Objekt zuzugreifen.

Treten im Falle des RM Scheduling zwei Tasks mit der gleichen Periodendauer auf, so wird die mit dem kleineren Index bevorzugt. Haben beim EDF Scheduling zwei Tasks die gleiche Deadline, hat der Job mit dem früheren Startzeitpunkt die höhere Priorität. Ist auch der Startzeipunkt gleich, so entscheidet auch hier der Index.

Bedingungen für die Schedulierbarkeit ergeben sich aus der Bestimmung des unerfüllten Bedarfs einer Task, wobei der Worst-Case angenommen wird. Der *unerfüllte Bedarf* ist die Rechenzeit, die ein Job $J_{i,k}$ zum Zeitpunkt t benötigt, um seine Arbeit abzuschließen. Der unerfüllte Bedarf nimmt also beim Schritt von t nach $t+1$ um eins ab. Durch Interferenzen, die von anderen Jobs hervorgerufen werden, kann dieser Bedarf auch steigen. Der Zuwachs wird dabei durch die folgenden *Interferenz Annahmen* charakterisiert:

IA1 Ein Job J erfährt eine Interferenz zum Zeitpunkt t, wenn mit $t' \leq t$ gilt

1. J startet bei $t'-1$,

2. J wird zum Zeitpunkt t' von einem Job mit höherer Priorität unterbrochen,

3. Nur Jobs mit höherer Priorität werden im Intervall $[t', t]$ ausgeführt,

4. Keiner dieser Jobs, die auf gleiche Objekte zugreifen wie J, startet in $[t', t)$ und

5. mindestens ein solcher Job startet zum Zeitpunkt t.

D.h. J kann in einem beliebigen Intervall, in dem er unterbrochen wird, höchstens eine Interferenz erfahren.

IA2 Jede Interferenz, die $J_{i,k}$ erfährt, steigert den unerfüllte Bedarf von T_i um s.

Abschließend soll noch der *Busy Point* eingeführt werden. Der Busy Point $b_i(k)$ des Jobs $J_{i,k}$ ist entweder dessen Startzeitpunkt $r_i(k)$, sofern alle Jobs mit mindestens gleicher Priorität von $J_{i,k}$ inaktiv sind oder der spätest mögliche Startzeitpunkt vor dem aktiv werden der Jobs mit höherer oder gleicher Priorität (siehe

dazu Abb. 4). Für den Grenzfall, daß der Job J_i genau dann fertig wird, wenn J_{i+1} startet, wird einfacher Weise eine Gleichzeitigkeit angenommen. Siehe dazu Abbildung 5 zum Zeitpunkt 18.

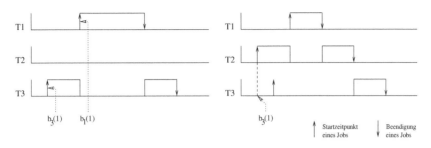

Abbildung 4: Busy Point Beispiele

In Abbildung 5 ist als Beispiel der Ablauf verschiedener Tasks unter Verwendung des RM-Verfahrens zu sehen. Die drei Tasks sind jeweils durch ein Tupel der Form $(r_i(1), c_i, p_i)$ beschrieben. Die gemeinsamen Objekte S_1 und S_2 werden wie folgt benutzt. Auf S_2 greifen alle Tasks zu, auf S_1 nur T_2 und T_3, wobei die Reihenfolge jeweils erst S_1 dann S_2 ist. Für die Länge einer Schleifeniteration gilt $s = 2$, die Tasks sind $T_1 = (3, 4, 11)$ $T_2 = (0, 4, 18)$ $T_3 = (1, 7, 35)$.

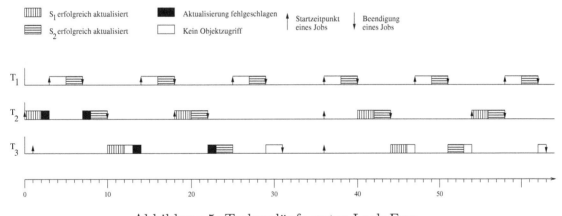

Abbildung 5: Taskverläufe unter Lock-Free

In dem Beispiel hat $J_{3,1}$ seinen Busy Point zum Zeitpunkt 0. Die erste Inerferenz erfährt der Job zum Zeitpunkt 14, da er hier auf das Objekt S_2 zugreift und während dessen von $J_{1,2}$ unterbrochen wird, welcher ebenfalls in dem Intervall $[14, 22]$ auf S_2 zugreift. Nach der $IA1$ wird eine weitere Interfernz für $J_{3,2}$ zum

8

Zeitpunkt 54 angenommen, da hier der Job $J_{2,4}$ startet, obwohl $J_{3,2}$ seine kritischen Phasen bereits beendet hat. Dies liegt an der pessimistischen Sichtweise dieser Annahme, so daß die spätere Analyse eine großzügige Obergrenze für die Abschätzungen darstellt.

Was den unerfüllten Bedarf von T_3 angeht, so steigt dieser zum Zeitpunkt 1 um 7 Einheiten[5] an, da ein Start des Jobs $J_{3,1}$ von $J_{2,1}$ verhindert wird. Dieser unerfüllte Bedarf nimmt im Intervall $[10, 13]$ pro Schritt im eins ab und wird durch die Interferenz von $J_{1,2}$ wieder um 2 erhöht. Insgesamt ergibt sich beispielsweise im Intervall $[5, 37]$ ein Bedarf von 16 Einheiten für T_3.

3.1.1 Lemma

Sei v die Priorität von $J_{i,k}$. Zu einen beliebigen Zeitpunkt $t \in [b_i(k), r_i(k+1))$ habe $J_{i,k}$ positiven unerfüllten Bedarf. In dem Intervall $[b_i(k), t]$ ist die Zahl der Interferenzen, die Jobs mit der Priorität von mindestens v erfahren können, durch die Anzahl der Zeitpunkte im Intervall $(b_i(k), t]$ begrenzt, an denen Jobs mit Priorität größer v ihren Startzeitpunkt haben können.

Beiweisansatz

Hatte der Job $J_{i,k}$ seinen Startzeitpunkt wie unten zu sehen zum Zeitpunkt $b_i(k)$, so kann er frühestens zum Zeitpunkt $b_i(k) + 1$ unterbrochen werden, da Starts von Jobs laut Voraussetzung nur zu ganzzahligen Zeiten erlaubt sind. Die Zahl möglicher Unterbrechungen im Intervall $(b_i(k), t]$ ist also maximal $t - b_i(k) - 1$. Da Interferenzen nur auftreten, sofern es eine Unterbrechung gab, ist somit auch die Zahl möglicher Interferenzen begrenzt.

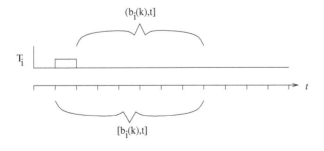

[5]$c_3 = 7$

3.1.2 Lemma

Sei $t \in [b_i(k), r_i(k+1))$. Bei Verwendung des RM-Verfahrens ist die Zahl der Interferenzen im Intervall $[b_i(k), t]$ höchstens

$$\sum_{j=1}^{i-1} \left\lceil \frac{t - b_i(k)}{p_j} \right\rceil$$

Beiweisansatz

Offensichtlich wird es, sobald konkrete Werte eingestzt werden. Habe das Intervall $[b_i(k), t]$ eine Länge von $t - b_i(k) = 10$. Eine Task mit der Periodendauer 5 kann also bestenfalls zweimal in diesem Intervall starten, ist die Periodendauer 10 geht dies maximal nur einmal. Werden diese Ergebnisse für alle Task mit Priorität größer T_i aufsummiert, ergibt sich genau die vom Lemma 3.1.2 berechnete Obergrenze möglicher Interferenzen.

3.1.3 Lemma

Wenn T_i unter der Verwendung des RM-Verfahrens zum Zeitpunkt $r_i(k+1) - 1$ positiven unerfüllten Bedarf hat und der gesamte unerfüllte Bedarf aller Tasks mit Priorität größer gleich T_i größer als eins ist, dann gilt für jedes $t \in [b_i(k), r_i(k+1))$: Die Differenz zwischen dem Bedarf aller Tasks mit Priorität größer gleich i im Intervall $[b_i(k), t]$ und der zur Verfügung stehenden Rechenzeit in diesem Intervall ist größer als eins.

Beiweisansatz

Für $t = r_i(k+1)$ ist der Satz offensichtlich erfüllt. Für Zeitpunkte vor $r_i(k+1) - 1$ wird die Aussage ersichtlich, wenn man bedenkt, daß für jeden Schritt von t nach $t+1$ der unerfüllte Bedarf einer Task und die zur Verfügung stehende Rechenzeit um eins abnimmt, so steigt beides um eins für den Fall $t \to t - 1$.

3.1.4 Lemma

Bei Verwendung des EDF-Verfahrens ist die Zahl der Interferenzen in Jobs mit einer Deadline kleiner gleich $r_i(k+1)$ im Intervall $[b_i(k), r_i(k+1))$ höchstens

$$\sum_{j=1}^{N} \left\lfloor \frac{r_i(k+1) - b_i(k) - 2}{p_j} \right\rfloor$$

Beiweisansatz

Es gilt der Beweisansatz von Lemma 3.1.1, allerdings wird hier das Intervall noch um eins verkleinert, da zum Zeitpunkt $r_i(k+1) - 1$ T_i die höchste Priorität hat.

3.2 Scheduling unter statischen Bedingungen

In diesem Abschnitt werden Bedingungen vorgestellt, die für die Schedulierbarkeit unter Verwendung des RM bzw. DM zum einen notwendig, zum anderen hinreichend sind.

In dem folgenden Satz, welcher eine notwendige Bedingung für die Schedulierbarkeit unter Verwendung des RM-Verfahrens darstellt, wird auf der linken Seite des Ausdrucks der minimale Bedarf der Rechenzeit aller Tasks $T_{1,..,i}$ quantifiziert, sofern keine Interferenz auftritt. Auf der rechten Seite stellt t die maximal zur Verfügung stehende Rechenzeit dar.

3.2.1 Satz (Notwendig unter RM)

Wenn ein Satz von periodischen Tasks, welche Lock-Free Objekte gemeinsam nutzen, nach dem RM-Verfahren schedulierbar ist, dann gilt für jede Task T_i:

$$\left(\exists t : 0 < t \leq p_i : \sum_{j=1}^{i} \left\lfloor \frac{t}{p_j} \right\rfloor \cdot c_j \leq t \right)$$

Beweisidee

Wie in Lemma 3.1.2 stellt auch hier die Summe die maximale Anzahl von Jobstarts in einem Intervall dar. Wird nun jeder Summand mit der jeweiligen ungünstigsten Ausführungszeit des Jobs multipliziert, ergibt sich daraus die längstmögliche Zeitspanne, die zur Abarbeitung sämtlicher Tasks benötigt wird. Damit auch dieser ungünstigste Fall problemlos bewältigt werden kann, muß genügend Rechenzeit t vorhanden sein.

Um eine hinreichende Bedingung zu erhalten, muß der obige Ausdruck noch etwas modifiziert werden. Der nächste Satz gibt in der ersten Summe den maximalen Zeitbedarf aller Tasks $T_{1,..,i}$ ohne Interferenzen an. Die zweite Summe gibt den zusätzlichen Rechenzeitbedarf an, der sich aus den Interferenzen der Tasks $T_{1,..,i}$ ergibt. Auch hier ist t wieder die maximal zur Verfügung stehende Rechenzeit.

11

3.2.2 Satz (Hinreichend unter RM)

Ein Satz von periodischen Tasks, welche Lock-Free Objekte gemeinsam nutzen, ist nach dem RM-Verfahren schedulierbar, wenn für alle Tasks T_i die folgende Bedingung gilt:

$$\left(\exists t : 0 < t \leq p_i : \sum_{j=1}^{i} \left\lceil \frac{t}{p_j} \right\rceil \cdot c_j + \sum_{j=1}^{i-1} \left\lceil \frac{t-1}{p_j} \right\rceil \cdot s \leq t \right)$$

Beweisidee

Zunächst wird wieder die maximale Rechenzeit aller Tasks ohne Interferenzen benötigt. Diese wurde als notwendige Bedingung bereits in Satz 3.2.2 berechnet und entspricht dem ersten Term der obigen Gleichung. Im zweiten Term wird der Aufwand der Wiederholungsschleifen bestimmt, welche durch Interferenzen verursacht werden können. Da s wie bereits erwähnt für alle Tasks gleich ist, reicht es, alle möglichen Jobstarts von Tasks mit höherer Priorität als T_i zu ermitteln und mit s zu multiplizieren. Da T_i eine Interferenz aber nur erfahren kann, wenn der Job $J_{i,k}$ bereits gestartete wurde, wird das hierfür zu betrachtende Intervall $[0, t]$ um eins verkleinert.

In der Praxis kommt es häufig vor, daß die Deadline eines Jobs nicht unbedingt der Startzeitpunkt des nächsten ist. Satz 3.2.2 kann aber durch eine geringfügige Veränderung an dieses Problem angepaßt werden. Hierzu wird die *relative Deadline* l_i von T_i eingeführt, welche über das Intervall $(0, p_i]$ läuft und die seit dem Startzeitpunkt verstrichene Zeit angibt. Anstelle des RM-Verfahrens wird nun allerdings des DM-Verfahren angewendet.

3.2.3 Satz (Hinreichend unter DM)

Ein Satz von periodischen Tasks, welche Lock-Free Objekte gemeinsam nutzen, ist nach dem DM-Verfahren schedulierbar, wenn für alle Tasks T_i die folgende Bedingung gilt:

$$\left(\exists t : 0 < t \leq l_i : \sum_{j=1}^{i} \left\lceil \frac{t}{p_j} \right\rceil \cdot c_j + \sum_{j=1}^{i-1} \left\lceil \frac{t-1}{p_j} \right\rceil \cdot s \leq t \right)$$

3.3 Scheduling unter dynamischen Bedingungen

In diesem Abschnitt geht es um Bedingungen, die notwendig bzw. hinreichend sind, um vorher zu sagen, ob periodische Tasks unter Verwendung des EDF-Verfahrens schedulierbar sind. Die erste dafür notwendige Bedingung ist durch den folgenden Satz, daß die Prozessorauslastung maximal eins sein darf, definiert.

3.3.1 Satz (Notwendig unter EDF)

Wenn ein Satz periodischer Tasks, welche Lock-Free Objekte gemeinsam nutzen, nach dem EDF-Verfahren schedulierbar ist, dann gilt:

$$\sum_{i=1}^{N} \frac{c_i}{p_i} \leq 1$$

Beweisansatz

Der Ausdruck auf der rechten Seite stellt die normierte Prozessorzeit dar. Der Ausdruck auf der linken Seite darf also nicht größer werden. Was er aber genau aussagt, wird deutlich sofern wieder konkrete Werte eingesetzt werden. Hat beispielsweise eine Task eine maximale Ausführungszeit von 5 und eine Periodenlänge von 10, so beansprucht diese Task im ungünstigsten Fall bereits die Hälfte der gesamten Prozessorzeit.

Damit die Bedingungen hinreichend sind, muß auch noch die Zeitbedarf, der durch Interferenzen hervorgerufen wird, mit berücksichtigt werden. Dies geschieht in Satz 3.3.2.

3.3.2 Satz (Hinreichend unter EDF)

Ein Satz periodischer Tasks, welche Lock-Free Objekte gemeinsam nutzen, ist nach dem EDF-Verfahren schedulierbar, genau dann wenn

$$\sum_{j=1}^{N} \frac{c_j + s}{p_j} \leq 1$$

Beweisansatz

Hier gilt der gleiche Ansatz wie zu Satz 3.3.1. Hinzu kommt wie bereits erwähnt der Zeitbedarf der Wiederholungsschleifen im Fall von Interferenzen. Da nach

$IA1$ eine Interferenz pro Job höchstens einmal auftreten kann, kann s direkt in die Summe gezogen werden.

Dies gilt für den Fall, daß die Deadline der Task mit der Periode übereinstimmt. Für den Fall, daß sie nicht übereinstimmen, muß die Aussage wie folgt erweitert werden.

3.3.3 Satz (Hinreichend unter EDF, wenn Deadlines und Perioden nicht übereinstimmen)

Ein Satz periodischer Tasks, welche Lock-Free Objekte gemeinsam nutzen, ist nach dem EDF-Verfahren schedulierbar, genau dann wenn

$$\left(\forall t : t \geq 0 : \sum_{j=1}^{N} \left\lfloor \frac{t - l_j + p_j}{p_j} \right\rfloor \cdot c_j + \sum_{j=1}^{N} \left\lfloor \frac{t - 1 - l_j + p_j}{p_j} \right\rfloor \cdot s \leq t \right)$$

Erklärung

Da der Satz 3.3.3 aufgrund des unbeschränkten t nicht bewiesen werden kann, soll zumindest die Aussage plausibel dargestellt werden. Der erste Term wird verständlicher, wenn er in dieser Form geschrieben wird:

$$\sum_{j=1}^{N} \left\lfloor \frac{t}{p_j} + \left(\frac{p_j}{p_j} - \frac{l_j}{p_j} \right) \right\rfloor \cdot c_j$$

Der Ausdruck in den runden Klammern steht für zusätzlich benötigte Rechenleistung, die sich aus der Differenz zwischen Deadline und Periode ergibt und den Aufwand angibt, um den ein Job nun früher beendet sein muß. Für

$$\sum_{j=1}^{N} \left\lfloor \frac{t-1}{p_j} + \left(\frac{p_j}{p_j} - \frac{l_j}{p_j} \right) \right\rfloor \cdot s$$

gilt das gleiche und eine Herleitung aus Satz 3.2.2 ist somit ersichtlich.

4 Lock-Based und Lock-Free im Vergleich

Im folgenden sollen nun die Lock-Free Objekte mit den Lock-Based Verfahren verglichen werden. Dazu dienen zum einen die Bedingungen, die in den vorangegangenen Abschnitten dargestellt wurden und für die Lock-Based Verfahren stehen stellvertretend die Bedingungen des PCP von Rajkumar[3].

Um die Abschätzung zu vereinfachen, wird für Zugriffe auf Lock-Based Objekte angenommen, daß sie alle r Zeiteinheiten benötigen. Für die Rechenzeit c_i der Task T_i ergibt sich also: $c_i = u_i + m_i \cdot t_{acc}$,

wobei u_i die reine Rechenzeit ohne Zugriff auf irgendwelche Objekte darstellt, m_i ist die Zahl aller Objekte, auf die die Task T_i zugreift und t_{acc} ist die Zeitspanne, die jeweils ein Zugriff in Anspruch nimmt. Dies wäre z.B. s für Lock-Free Objekte und r für Lock-Based Objekte. Zwei Punkte sind nun noch zu beachten, zum einen stellt c_i die reine Rechenzeit der Task dar, Interferenzen und Inversionen der Priorität sind also noch nicht berücksichtigt, zum anderen haben Untersuchungen gezeigt, das s in der Regeln deutlich kleiner ist als r.

4.1 Scheduling mit statischen Prioritäten

Zunächst soll der Overhead, der sich durch Verwendung von Lock-Free Objekten unter dem RM-Verfahren ergibt, mit dem des PCPs verglichen werden. Verschachtelungen von kritischen Phasen bleiben hier unberücksichtigt. Der *Blockierungsfaktor*, welcher der ungünstigsten Zeitspanne entspricht, die der längste kritische Abschnitt benötigt, ist in diesem Fall also gleich r. Nach der Analyse von Rajkumar[3] gilt für die Schedulierbarkeit unter dem PCP:

$$sched\_PCP \equiv \left(\forall i \exists t : 0 < t \leq p_i : r + \sum_{j=1}^{i} \left\lceil \frac{t}{p_i} \right\rceil (u_j + m_j \cdot r) \leq t \right)$$

Durch Substituierung wird die oben gezeigte Formel in eine Form gebracht, die auch für Lock-Free Verfahren gilt:

$\langle \forall j : j \leq i : (m_j + 1) \cdot s \leq m_j \cdot r \rangle \wedge sched\_PCP$, da $s \leq \frac{r}{2}$

$\{$Substituiere $(m_j + 1) \cdot s$ für $m_j \cdot r$ in sched_PCP$\}$

$$\Rightarrow \left(\forall i \exists t : 0 < t \leq p_i : \sum_{j=1}^{i} \left\lceil \frac{t}{p_i} \right\rceil (u_j + m_j \cdot s) + \sum_{j=1}^{i} \left\lceil \frac{t}{p_i} \right\rceil \cdot s + r \leq t \right)$$

$$\Rightarrow \left(\forall i \exists t : 0 < t \leq p_i : \sum_{j=1}^{i} \left\lceil \frac{t}{p_i} \right\rceil (u_j + m_j \cdot s) + \sum_{j=1}^{i-1} \left\lceil \frac{t-1}{p_i} \right\rceil \cdot s \leq t \right) \quad (1)$$

Da im Lock-Free Fall $c_i = u_i + m_i \cdot s$ ist, ist die Gleichung (1) equivalent zum Satz 3.2.2. Die Vergleiche zwischen Lock-Free Objekten und dem PCP Verfahren beruhen auf den Werten s und r. Die Aussage, $s \leq \frac{r}{2}$ beruht auf empirischen

Ergebnissen u.a. von Massalin[5], von denen hier einige Beispiele genannt werden sollen.

Typische Werte für s wären z.B. $1.3\mu s$ für einen einfachen Zähler, sofern Vergleichsfunktionen wie CAS2 in Hardware realisiert sind. Ist dies nicht der Fall kommen noch $4.2\mu s$ für den Trap-Aufruf hinzu. Diese Werte wurden auf einen 68030 mit 25MHz und one-wait-state Speicher gemessen. Im Gegensatz dazu steht die Implementierung mit Semaphoren unter **LynxOS** auf einem 80386 mit 25MHz und zero-wait-state Speicher. Hier wurde für das Sperren und Freigeben der Semaphore im ungünstigsten Fall eine Zeit von $154.4\mu s$ gemessen. In dem in [1] beschriebenen Videokonferenz-System galt für s $37\mu s$, hingegen für r $151\mu s$.

4.2 Scheduling mit dynamischen Prioritäten

Es folgt nun der Vergleich zwischen dem Overhead, verursacht durch Lock-Free Objekte, und dem *Dynamic Deadline Modification* Verfahren (DDM) unter Verwendung des EDF Schedulings. Bei diesem Verfahren werden die Tasks in Phasen aufgeteilt, wobei pro Phase maximal auf ein gemeinsames Objekt zugegriffen werden kann. Bevor die Task T_i allerdings auf ein Objekt S_m zugreifen kann, wird deren Deadline modifiziert und zwar auf den Wert der Deadline von Task T_j welche die kürzeste Deadline aller Tasks hat, die auf S_m zugreifen. Nach Abschluß der Operation wird der Wert der Deadline von T_i wieder auf den alten Wert zurückgesetzt. Der Wert r enthält die sämtlichen dafür anfallenden Kosten. Die folgende Formel, welche eine hinreichende Bedingung für die Schedulierbarkeit unter dem EDF/DDM Verfahren darstellt, entstammt der Analyse von Jeffay[6].

$$sched\_DDM \equiv \left(\sum_{j=1}^{N} \frac{u_j + m_j \cdot r}{p_j} \leq 1 \right)$$

$$\wedge \left(\forall i,t : P_i < t < p_i : r + \sum_{j=1}^{i-1} \left\lfloor \frac{t-1}{p_j} \right\rfloor \cdot (u_j + m_j \cdot r) \leq t \right)$$

Der erste Teil der Konjunktion gibt die Summe die totale Prozessorauslastung an, die durch die Tasks verursacht werden. Der Term $u_j + m_j \cdot r$ stellt dabei die Berechnungszeit von T_j dar. Im zweiten Teil der Konjunktion stellt der erste Term die maximale Zeit dar, die T_i Tasks mit kleinerer Periode blockieren kann. Der zweite Term repräsentiert den maximalen Bedarf der Tasks T_1 bis T_{i-1} in

einem Intervall der Länge $t - 1$. Das P_i in dem oberen Ausdruck ist gleich der minimalen Periodendauer der Task T_j, welche auf das gleiche Objekt zugreift wie T_i. Unter den gleichen Bedingungen wie im letzten Abschnitt, läßt sich nun aus dem Ausdruck eine Form für Lock-Free Objekte herleiten.

$$(\forall j : (m + 1) \cdot s \leq m_j \cdot r) \wedge sched\_DDM$$

$$\Rightarrow (\forall j : (m + 1) \cdot s \leq m_j \cdot r) \wedge \sum_{j=1}^{N} \frac{u_j + m_j \cdot r}{p_j} \leq 1$$

$$\{\text{Substituiere } (m_j + 1) \cdot s \text{ für } m_j \cdot r\}$$

$$\Rightarrow \sum_{j=1}^{N} \frac{u_j + (m_j + 1) \cdot s}{p_j} \leq 1$$

Wie bereits erwähnt gilt auch hier $c_j = u_j + m_j \cdot s$ und somit ist der vorangegangene Ausdruck gleich dem Satz 3.3.2. Der zweite Teil der Verknüpfung wurde bei der Herleitung vernachlässigt, da Blockierungszeiten unter Lock-Free Objekten nicht vorhanden sind.

5 Experimenteller Vergleich

In diesem Abschnitt soll nun die oben aufgestellte Theorie an einem Experiment ausprobiert werden. Als Grundlage dient das Realzeit Desktop Videokonferenzsystem, welches von Jeffay et al.[6] implementiert wurde. Für dieses Experiment wurde das System modifiziert, so daß es ebenfalls nach dem Lock-Free Verfahren funktioniert.

5.1 Aufbau des Experiments

Bei dem für diese Untersuchung betrachteten Teil des Konferenzsystems handelt es sich um den Bereich, der Audio- und Videodaten digitalisiert, komprimiert und anschließend diese Daten über ein lokales Netzwerk versendet. In Abbildung 6 ist der Aufbau zu sehen. Ein Pfeil, welcher von einer Task auf ein Objekt zeigt, deutet an, daß diese Task auf das entsprechende Objekt zugreift. So greifen beispielsweise alle Tasks auf die *Message Queues* zu, die für die interne Prozeßkommunikation zuständig ist. Eine detaillierte Beschreibung des Experiments ist in [9] zu finden.

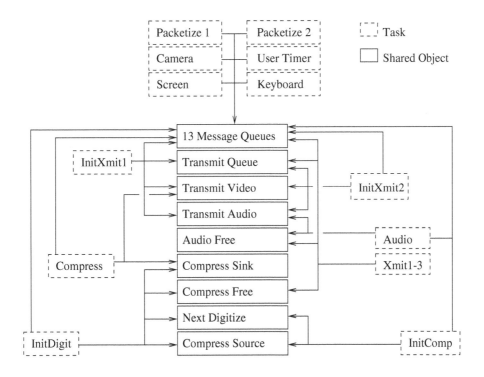

Abbildung 6: Aufbau des Experiments

5.2 Scheduling mit statischen Prioritäten

In diesem Teil des Experiments von James Anderson et al.[1] wird der Overhead der Lock-Free Objekte mit denen der Lock-Based Objekte unter Verwendung des DM-Verfahrens verglichen. Das Modell bestand aus $N = 15$ sporadischen Tasks, $M = 21$ gemeinsamen genutzten Objekten und $Q = 12$ Steuerungsprogrammen für periodische und sporadische Interrupts. Das $i$te Steuerungsprogramm der Interrupts wird durch $\langle e_i, v_i \rangle$ bezeichnet, wobei e_i die Ausführungszeit des Steuerungsprogramms und v_i die minimale Zeit zwischen zwei Interrupts ist. Die Prioritäten der Interrupts sind stets größer als die der Applikationen und werden untereinander nach dem FCFS-Verfahren abgearbeitet.

Für einen Vergleich dient zum einen der Satz 3.2.3 für Lock-Free Objekte und der Satz von Lehoczky et al.[7] für Lock-Based Objekte, allerdings müssen beide Sätze noch um die Kosten der Interrupts erweitert werden. Dies geschieht mit der Ungleichung (2), welche von Jeffey und Stone[8] entwickelt wurde.

$$F(t) \leq \sum_{j=1}^{Q} \left\lceil \frac{t}{v_j} \right\rceil \cdot e_j \qquad (2)$$

18

Unter Verwendung von (2) ergibt sich aus der Analyse von Lehoczky[7] folgende Bedingung:

$$\left(\forall i\, \exists t : 0 < t \le l_i : r + \sum_{j=1}^{i} \left\lceil \frac{t}{p_j} \right\rceil \cdot c_j + \sum_{j=1}^{Q} \left\lceil \frac{t}{v_j} \right\rceil \cdot e_j \le t \right) \qquad (3)$$

Dabei steht der erste Term für die ungünstigste Zeitspanne, die das System blockiert werden kann, der zweite gibt den Bedarf der Rechenzeit aller Tasks $T_1, \ldots, T_i$ an und der letzte den Bedarf der Interrupt-Steuerungsprogramme. In Abbildung 7 gibt der unter t_i^* aufgeführte Wert ein t an, mit dem die Gleichung 3 im Intervall $(0, l_i]$ für die jeweilige Task befriedigt wird, also den Worst-Case bezüglich der Antwortzeit. **Packetize2** erreichte während des Experiments unter Verwendung des PCP-Verfahrens nicht immer ihre Deadline, so daß einige Packete nicht übermittelt wurden und verloren gingen.

Task Name	Task #	PCP	LF	Period p_i	Deadline l_i	t_i^*	t_i^{**}
InitXmit1	1	579	459	33333	6705	4743	4623
Xmit1	2	147	147	45603	6705	4890	4807
Packetize1	11	8315	8315	40842	33333	22651	21943
Packetize2	12	8315	8315	40842	33333	N/A	30860
Keyboard	14	580	549	490853	490853	39054	37065
Screen	15	142	71	1963379	1963379	39196	37173

Angaben in μs

Abbildung 7: Einige experimentelle Ergebnisse

Es folgt die Betrachtung unter Lock-Free Bedingungen. Dazu wird wie bereits erwähnt, der Satz 3.2.3 mittels (2) erweitert, welches zur Bedingung (4) führt.

$$\left(\forall i\, \exists t : 0 < t \le l_i : \sum_{j=1}^{i} \left\lceil \frac{t}{p_j} \right\rceil \cdot c_j + \sum_{j=1}^{i-1} \left\lceil \frac{t-1}{p_j} \right\rceil \cdot s + \sum_{j=1}^{Q} \left\lceil \frac{t}{v_j} \right\rceil \cdot e_j \le t \right) \qquad (4)$$

In diesem Ausdruck stellt der erste Term den Bedarf der Rechenzeit aller Tasks mit Priorität größer gleich i dar, im zweiten Term wird den Kosten für Interferenzen Rechnung getragen und der dritte gibt die Kosten für die Interruptsteuerung an. In Abbildung 7 stehen die Werte für t, mit denen die Gleichung (4) erfüllt wird, unter t_i^{**}. Zu beachten ist dabei, daß durch das Lock-Free Verfahren auch die

Task **Packetize2** problemlos ausgeführt werden konnte und keine Daten verloren gingen. Weitere Ergebnisse sind auszugsweise in dieser Abbildung aufgeführt, um einen Überblick zu geben, wieviel Zeit unter Verwendung der beiden Verfahren benötigt wurde.

6 Zusammenfassung und Auswertung

Die in Abbildung 7 dargestellten Werte haben bereits formal gezeigt, daß die Lock-Free Methode dem PCP in nichts nachsteht, meist sogar besser ist. Im Experiment hat sich gezeigt, daß die Abschätzungen für das Lock-Free Verfahren sehr pessimistisch waren. So gab es bei zehn Durchläufen mit 415229 Enqueue-Operationen nur 363 Interferenzen. Eine mehrfache Interferenz einer einzelnen Operation ist dabei kein einziges mal aufgetreten.

So ergaben sich drei wesentliche Vorteile, bei der Verwendung der Lock-Free Verfahren. Erstens können Lock-Free Objekte ohne Kenntnis darüber implementiert werden, welche Task auf welches Objekt zugreift. Zweitens können Tasks dynamisch zu einem System hinzugefügt werden und drittens ist der Overhead meistens geringer. Demgegenüber stehen zwei Nachteile, die nicht unerwähnt bleiben sollen. Zum einen ist die Implementierung der Task mit mehr Aufwand verbunden, da die Wiederholungsschleifen speziell für jede Task entworfen werden müssen, zum anderen ist ein verschachtelter Zugriff auf Objekte noch nicht möglich. Diese Problem, so Anderson et al.[1], soll aber in nicht allzu ferner Zukunft gelöst werden.

Literatur

[1] Real-Time Computing with Lock-Free Shared Objects, J. H. Anderson, S. Ramamurthy, K. Jeffay, University of NC, 1997

[2] Priority Inheritance Protocols: An Approach to Real-Time Synchronization, L. Sha, R. Rajkumar, J. P. Lehoczky, 1990 IEEE

[3] Synchronization in Real-Time Systems – A Priority Inheritance Approach, R. Rajkumar, Kluwer Academics, Boston Mass, 1991

[4] Ceiling Adjustment Scheme for Improving the Concurrency of Real-Time Systems with Mixed Workloads, J. Y. Kim, S. H. Son, K. Koh, Seoul National University

[5] H. Massalin, Synthesis: An efficient implementation of fundamental operating system services, Columbia Univ, New York, 1992

[6] K. Jeffay, Scheduling sporadic tasks with shared resources in hard real-time systems, Proceedings of the 13th IEEE Symposium on Real-Time Systems, IEEE 1992, New York

[7] J. Lehoczky, L. Sha, Y. Ding, The rate monotonic scheduling algorithm: Exact characterization and average case behavior, Proceedings of the 10th IEEE Symposium on Real-Time Systems, IEEE 1989, New York

[8] K. Jeffay, D. Stone, F. D. Smith, Kernel support for live digital audio and video, Computer Communication 15, 6.7.92.

[9] D. Stone, Managing the effect of delay jitter on the display of live continuous media, Univ. of North Carolina, Chapell Hill, 1995

www.ingramcontent.com/pod-product-compliance
Lightning Source LLC
LaVergne TN
LVHW082339070326
832902LV00043B/2733